그림으로 보는 영화 제작의 역사

초판 1쇄 펴낸 날 2020년 9월 25일

지은이 • 애덤 올서치 보드먼
옮긴이 • 김윤아
펴낸이 • 김삼수
편   집 • 김소라

펴낸곳 • 아모르문디
등   록 • 제313-2005-00087호
주   소 • 서울시 마포구 성미산로13길 87, 201호
전   화 • 0505-306-3336
팩   스 • 0505-303-3334
이메일 • amormundi1@daum.net

ISBN 979-11-91040-03-6 03680

이 도서의 국립중앙도서관 출판예정도서목록(CIP)은 서지정보유통지원시스템 홈페이지(http://seoji.nl.go.kr)와
국가자료종합목록 구축시스템(http://kolis-net.nl.go.kr)에서 이용하실 수 있습니다. (CIP제어번호 : CIP2020037268)

그림으로 보는
영화 제작의 역사

애덤 올서치 보드먼 지음 | 김윤아 옮김

아모르문디

CONTENTS

차례

들어가는 말

우리들 대다수는 처음 영화관에 갔던 날을 기억합니다.

제 경우는 〈스타워즈 에피소드 5: 제국의 역습〉(1997) 특별판이 재개봉하는 날이었죠. 그날이 마침 생일이었던 덕분에 저는 영사실에 들어가 보는 행운을 누릴 수 있었습니다. 그림을 움직이게 만드는 커다란 영사기를 보는 것은 놀라운 경험이었습니다. 그때 이후로 저는 영화를 만드는 장치와 그 기계들이 작동하는 방식에 완전히 매료되었습니다.

이 책에서 저는 초창기의 야심만만한 설립자들부터 상업적 제국들에 이르기까지 영화 제작의 역사를 이루는 장치들과 방법, 그리고 사람들을 탐구하는 데 전력을 다할 것입니다. 애니메이션의 역사도 이 책의 내용에 포함되어야 하지만 한두 장으로 다룰 것이 아니라 별도의 책이 필요하다고 여겨 여기서는 논하지 않았습니다. 이 책을 통해 여러분들이 이 매력적인 분야에 흥미를 느끼고 영화 제작을 향한 자신만의 길을 만들어 나가기를 바랍니다.

PREHISTORY

역사 이전

빛을 이용한 놀이

움직이는 이미지는 놀랍게도 고대로부터
활용된 엔터테인먼트 양식의 하나이다. 빛과의
상호작용은 불을 발견한 선사시대까지 거슬러
올라가지만, 극적인 장면을 보여주는 데 처음
빛을 사용한 것은 고대 동아시아였다.

화려한 불빛과 따뜻한 온기를 즐기는
청동기시대 사람

기름램프는
종종 화려하게 장식되었다.

그림자극에 사용되는 인형들은 스크린과
광원 사이에 놓여 인물의 그림자를
만들어낸다. 오늘날까지도 여전히
인도네시아, 태국, 말레이시아에는
그림자극의 전통이 남아 있다.

환등기는 대개 학술적으로 사용되었다.
나는 여기서 '최초의 프로그래머'로 알려진
에이다 러브레이스가 자신이 만든
기계식 계산기에 대해 설명하는
모습을 상상해 보았다.

굴뚝

슬라이드 슬롯

렌즈

기름램프

오래된 장치들

카메라 옵스큐라의 광학 현상은 고대의 현상과
매우 유사했다. 우리의 선조들은 동물의 은신처나
동굴에 있는 구멍을 통해 태양빛이 비치면 상이
거꾸로 맺힌다는 것을 발견했다.

17세기 동안, 광학에 대한 새로운 관심이
대두되었고 이는 망원경과 현미경의 발명을
가져왔다. 1659년 네덜란드의 수학자이자
천문학자인 크리스티안 하위헌스는 오늘날 우리가
프로젝터라고 부르는 움직이는 "환등기"를
만들었다.

크리스티안 하위헌스
(CHRISTIAAN HUYGENS)

이 장치는 렌즈와 광원, 형상이 그려진 유리
슬라이드로 이루어졌다.

환등기는 교육과 스토리텔링의 도구로
사용되었는데, 조작자들은 빠르게 슬라이드를
바꾸어 움직이는 환영을 만들어낼 수 있었다.

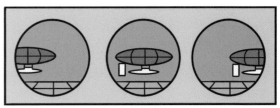

떠다니는 열기구를 묘사한 슬라이드

19TH CENTURY

19세기

1800년대

산업혁명은 위대한 과학적 발명의 시대를 열었다. 선구적인 탐험가들과 전제군주가 다스리는 제국들은 정보와 기술이 그 어느 시대보다 빠르게 공유되게 함으로써 세계를 연결했다.

회전 요지경

이 시기에 만들어진 새로운 장치의 하나인 '조이트로프'는 내부에 일련의 이미지들이 들어 있는 회전하는 통이다. 통이 빠른 속도로 돌아가면, 우리의 뇌는 이미지들이 연속적으로 움직이는 것처럼 처리한다.

필름

'필름'이라는 단어는 빛에 민감한 재료 위에 이미지를 포착하는 것과 관련이 있다. 그 과정은 열광적인 과학적 실험에서 발전되었다. 프랑스의 발명가인 니세포르 니에프스는 초기 몇 차례의 성공을 거두었는데, 그가 1827년에 찍은 〈르그라의 창밖 풍경〉은 현존하는 가장 오래된 사진이다. 지속적인 실험들이 수행된 후, 세기말에 이르러 빛에 민감한 셀룰로이드 '필름'이 발명되었고 디지털 시대 이전까지 모든 사진은 그 방식을 따랐다.

니세포르 니에프스
(NICÉPHORE NIÉPCE)

최초의 사진 (1827)

운동에 대한 연구

영국의 과학자 에드워드 마이브리지는 인상적인 연속 카메라 장치를
사용하여 달리는 말의 네 말굽이 땅에서 동시에 떨어지는지
알아보았다(사실이었다). 그의 연구 덕에 카메라 셔터 속도가 개선되고
보다 신속한 감광유제가 만들어졌다.

에드워드 마이브리지
(EADWEARD MUYBRIDGE)

1. 출발 위치의 카메라

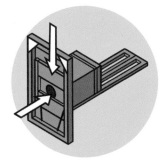

2. 인계철선에 의해 작동하는 셔터

연속 카메라 장치로 촬영한 말의 질주

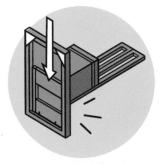

3. 최종 위치의 닫힌 셔터

1879년 마이브리지는 자기가 발명한 주프락시스코프를 사용하여
연속적인 이미지들로 움직이는 환영을 만들어냈다.
그 장치는 작동 원리가 매우 단순했다. 마이브리지는 자신의 사진들을
유리 디스크 위에 복사한 다음 광원 앞에서 돌아가게 하여 움직이는
영상을 만들었다.

최초의 영화 제작자들

프랑스의 엔지니어인 루이 르 프랭스는 영화의 아버지라 불린다.
현존하는 가장 오래된 영화는 그가 제작한
2.11초 길이의 〈라운드헤이 정원 장면〉(1888)이다.

루이 르 프랭스
(LOUIS LE PRINCE)

〈라운드헤이 정원 장면〉(1888)

루이가 사용한 것과 유사한 코닥 필름
(1880년대)

단일 렌즈 카메라에 사용되는 60밀리 필름 스풀

판촉 여행에 나선 르 프랭스는 디종에서 기차를 탔다.
하지만 기차가 파리에 도착했을 때, 르 프랭스를 기다리던 친구들은
그가 실종되었음을 알았다. 라이벌 발명가인 토머스 에디슨이 사주한
살해 음모에 희생되었다는 소문을 비롯하여 수많은 거친 이야기들이
넘쳐났지만 르 프랭스는 그 후 다시는 모습을 드러내지 않았다.

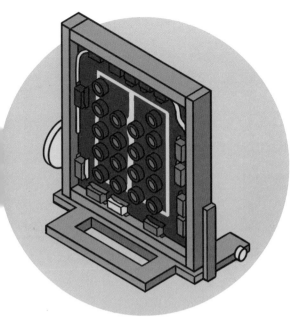

르 프랑스의 카메라

〈라운드헤이 정원 장면〉은 르 프랭스의 단일렌즈
카메라로 촬영되었다. 오늘날 우리가 보기엔 가장
관습적인 카메라이다.

그러나 르 프랭스는 16렌즈 카메라를 포함한
멀티플 렌즈를 장착한 카메라도 개발하였다.
르 프랭스의 카메라들은 프로젝트마다
각각 배열될 수 있었다. 그는 이렇게 조정된
장치들을 일컬어 '전달자들(deliverers)'이라고
불렀다.

16렌즈 카메라 영사기 (1886)

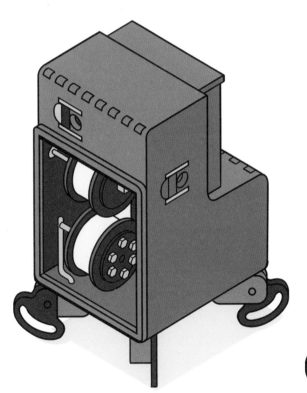

단일렌즈 카메라 영사기 Mk2 (후면) (1888)

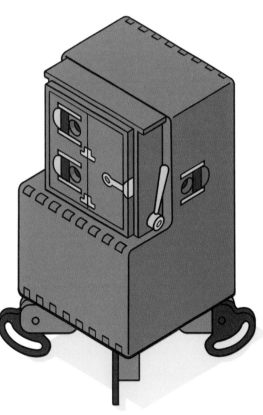

단일렌즈 카메라 영사기 Mk2 (앞면) (1888)

19

1890년대

1890년대 대중은 전례 없는 영화적 볼거리에 매혹되었다.
처음으로 생활의 짧은 순간의 모습을 기록한 영상이
반복적으로 상영되고 공유되었다.

〈키스〉 (1896)

〈키스〉를 보는 남자

많은 사람들이 노골적인 선정성에 충격을
받았는데, 이는 가톨릭교회의 비난을 불러왔다.

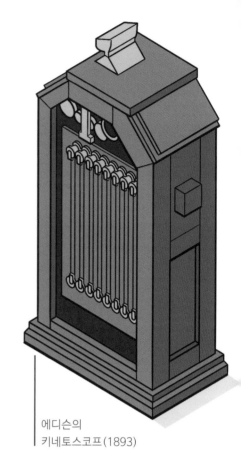

에디슨의
키네토스코프 (1893)

시네마토그래프 (1895)

손으로 작동하는 카메라,
프린터와 프로젝터

장치의 패러다임

이즈음 지독하게 경쟁심이 강한 발명가였던
토머스 에디슨이 마이브리지의
주프락시스코프에서 영감을 받아 키네토스코프를
소개했다. 이 장치는 광원 위에서 움직이는
연속 필름에 의해 생성되는 움직이는 이미지를
관객이 작은 구멍을 통해 보는 것이었다. 한편,
프랑스의 발명가 레옹 불리는 시네마토그래프
(우리가 사용하는 '영화(cinematography)'
라는 말은 여기서 유래한다)를 개발하여 뤼미에르
형제에게 특허권을 팔았다. 시네마토그래프는
장면을 포착하고 이미지를 영사함으로써 많은
사람들이 함께 영화를 관람하는 것을 가능하게
해주었다.

최초의 필름 스튜디오

대다수의 초기 영화 제작자들은 자연광에
의존했다. 1893년에 설립된 에디슨의
'블랙 마리아'는 최초의 제작 스튜디오로
태양광에 의지했다.

스튜디오는 회전하는 플랫폼 위에 세워졌는데,
햇빛을 더 오래 받을 수 있도록 돌아갔다.
몇 년 뒤 독일의 발명가 오스카 메스터가
베를린에 최초의 영화 스튜디오를 열었다.
극장 조명에 대한 메스터의 경험이 4개의
코팅앤메티슨 50암페어 아크등을 설치하는 데
영감을 주었다. 덕분에 영화 촬영은 더 이상
낮 시간에 제한되지 않았다.

토머스 에디슨
(THOMAS EDISON)

(눈살을 찌푸리는
특유의 표정)

접히는 지붕

햇빛을 직접 받는
시간을 늘리기 위해
돌아가는 플랫폼

토머스 에디슨이 세운 스튜디오 '블랙 마리아' (1893)

첫 번째 상영

1895년 뤼미에르 형제는 파리 중심에 위치한
그랑 카페의 인디언 살롱에서 아마도 처음으로
영화를 공개 상영하였다.
〈시오타 역에 도착하는 열차〉 (1895)를 본
최초의 관객들은 기차가 자신들을 향해 번개처럼
직진하는 모습을 보고 깜짝 놀랐다.
이상하게도 뤼미에르 형제는 자신들의 영사기의
잠재력을 확신하지 못하고 얼마 후 다른 과학적
사업을 위해 상영 작업을 포기했다.

영사를 위해 배치된
시네마토그래프

그랑 카페의 인디언 살롱,
최초의 공개적인
영화 상영으로 추정된다.

하느님 맙소사!

오귀스트 뤼미에르
(AUGUSTE LUMIÈRE)

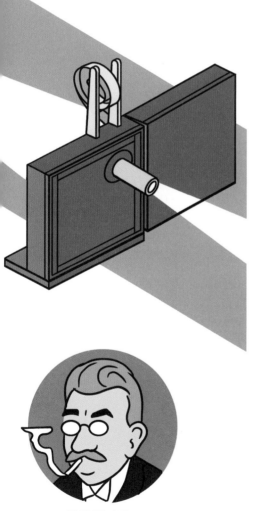

루이 뤼미에르
(LOUIS LUMIÈRE)

뤼미에르 형제의 영화는 대개 일상생활을 담은 것이었는데, 그들은 이를 일컬어 '화젯거리'라고 불렀다. 그들은 또 몇 편의 슬랩스틱 코미디 영화도 만들었다.

〈시오타 역에 도착하는 열차〉(1895)

〈물벼락을 맞은 정원사〉(1895)

〈아기의 식사〉(1895)

20th CENTURY

20세기

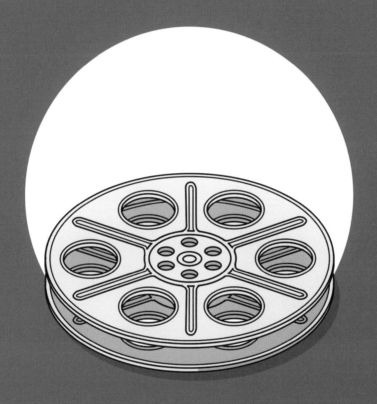

1900년대

키네토스코프와 시네마토그래프 같은 장치들과 함께 영화는 전 세계로 팔려나갔다. 이런 영화들은 음향이 없었기 때문에 번역은 문제가 되지 않았다.

보드빌과 5센트 극장

보드빌 극장은 배우부터 곡예사까지 다양한 이들이 대규모 버라이어티 쇼를 공연하는 곳이었다. 주디 갈런드와 캐리 그랜트가 바로 이곳에서 연기자 또는 '보드빌리언'으로 자신의 경력을 시작했다. 몇몇 보드빌 극장주들은 영사기를 설치하여 공연 프로그램의 일부로 단편 영화를 상영했다.

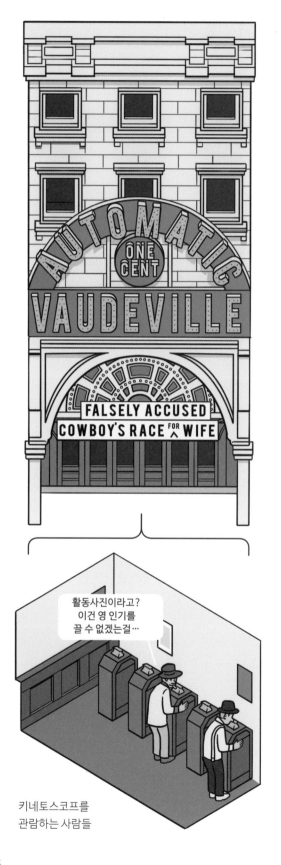

키네토스코프를
관람하는 사람들

보드빌 극장의 영화 상영.
흡연이 매우 일상적이었다.

보드빌과 5센트 극장은 상류 계층으로부터 종종 못마땅한 시선을 받았다. 쇠퇴기에 이런
극장들은 비도덕적이고 지저분해 보였기 때문이다.
영화 상영을 첫째 목표로 설립된 것은 니켈로디언, 즉 5센트 극장이었다. 이러한 명칭은
동전 자판기(보통은 키네토스코프)가 비치되어 있음을 뜻하는 '니켈'과 '지붕 덮인 극장'을
의미하는 그리스어 '오데온'에서 유래했다. 초창기에 상영된 단편 영화의 대다수는 개그와
가벼운 포르노그래피였다.

마술과 환영

프랑스인 조르주 멜리에스는 다재다능한 예술가이자 마술사로서 디졸브 (화면이 점점 사라지면서 동시에 다음 장면이 겹쳐서 차차 나타나는 장면 전환법), 합성 화면, 미속촬영(타임-랩스)과 같은 기술을 개척하였다. 세트와 의상에 대한 경험은 그의 영화에 창의적인 스타일을 제공해주었다. 그가 상영하는 영화는 마술적 트릭과 기계적 인형극이라는 더 큰 공연의 일부였다.

조르주 멜리에스
(GEORGES MÉLIÈS)

잔 달시(JEHANNE D'ALCY)
달시는 최초의 전업 배우 중 한명이었다.

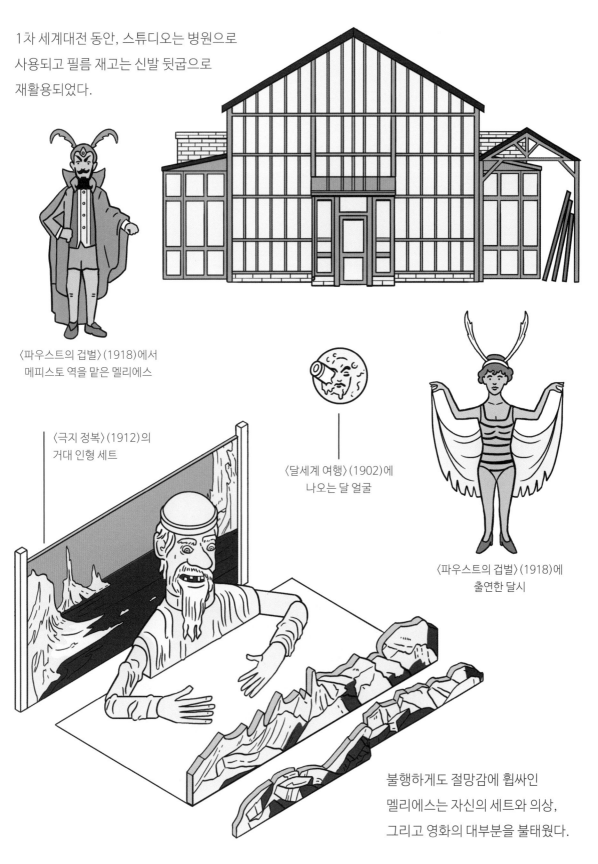

1차 세계대전 동안, 스튜디오는 병원으로 사용되고 필름 재고는 신발 뒷굽으로 재활용되었다.

〈파우스트의 겁벌〉(1918)에서 메피스토 역을 맡은 멜리에스

〈극지 정복〉(1912)의 거대 인형 세트

〈달세계 여행〉(1902)에 나오는 달 얼굴

〈파우스트의 겁벌〉(1918)에 출연한 달시

불행하게도 절망감에 휩싸인 멜리에스는 자신의 세트와 의상, 그리고 영화의 대부분을 불태웠다.

1910년대

토머스 에디슨은 영화특허권회사 (MPPC)를 뉴저지에 공동 설립했다.
뉴저지 주는 인정사정없이 특허권 독점을 강제하였다. 엄격한 특허법을 피하기 위해
독립 영화사들은 캘리포니아로 이전했다. 캘리포니아 주는 영화 만들기에 좋은 자연
경관과 훌륭한 태양광 조건을 갖추고 있었다. 가장 인기가 높았던 곳은 할리우드라 불리는
마을이었는데, 할리우드는 1915년 무렵에는 미국 영화 제작의 주류를 차지하게 된다.

〈인톨러런스〉의 세트

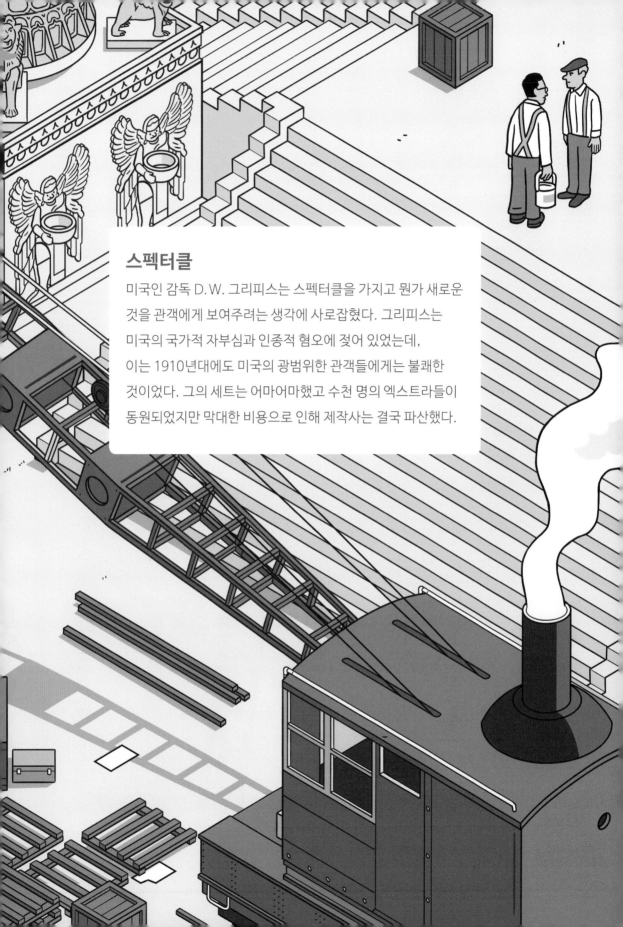

스펙터클

미국인 감독 D. W. 그리피스는 스펙터클을 가지고 뭔가 새로운 것을 관객에게 보여주려는 생각에 사로잡혔다. 그리피스는 미국의 국가적 자부심과 인종적 혐오에 젖어 있었는데, 이는 1910년대에도 미국의 광범위한 관객들에게는 불쾌한 것이었다. 그의 세트는 어마어마했고 수천 명의 엑스트라들이 동원되었지만 막대한 비용으로 인해 제작사는 결국 파산했다.

〈인톨러런스(편협)〉(1916)는 터무니없이 엄청난 제작비를 썼다. 영화는 너무나 끔찍하게 실패하여 관련 스튜디오들을 팔아야 했다. 영화에 쓰인 바빌론 세트는 버려진 채 있다가 1919년에 불에 타 사라졌다. 그리피스는 남은 생애 동안 재정적으로 파산 상태를 면치 못했다.

독립 제작사들

오스카 미쇼는 아프리카계 미국인 작가이자 제작자 겸 감독으로 놀랍도록 다작을 한 사람이다. 미쇼는 열심히 일하고 사업을 하면 누구나 존경받고 성공할 수 있다는 열정적 믿음을 가지고 있었다. 그는 아프리카계 미국인들이 분리와 가차 없는 편견을 겪던 시기에 맨손으로 영화 제작사를 설립했다. 그의 영화들은 D. W. 그리피스의 영화에 맞서는 주제를 다루었는데, 특히 〈우리의 울타리 속에서〉(1920)는 그리피스의 〈국가의 탄생〉(1915)에 그려진 편견에 대한 직접적인 응답으로 보인다.

오스카 미쇼
(OSCAR MICHEAUX)

미쇼는 호기심 많은 관객들을 끌기 위해 자기 영화가 상영금지 처분을 받은 사실을 열심히 광고했다.

에블린 프레어
(EVELYN PREER)
선구적인 배우

미쇼는 아프리카계 미국인 공동체가 관람할 수 있도록 하기 위해 자신의 영화를 직접 홍보하고 배급한 것으로 유명하다.

1914년 개관한 하이드파크 영화관은 1차 세계대전 뉴스를 상영한 많은 영화관 중 하나였다.

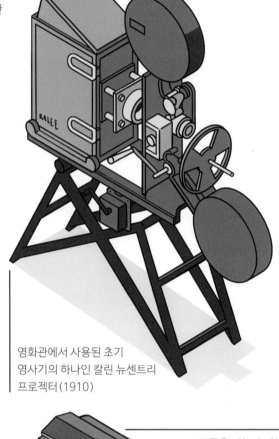

영화관에서 사용된 초기 영사기의 하나인 칼린 뉴센트리 프로젝터(1910)

팝콘을 파는 수레는 보통 거리에 자리를 잡고 있었으나 너무 인기를 끌자 영화관들이 직접 팝콘을 팔기 시작했다.

시네마: 영화관

자원이 부족했던 1차 세계대전 중에는 많은 제작팀들이 전쟁 다큐멘터리를 만드는 데 초점을 맞췄다. 특수 목적 영화관이 유럽 전역에 만들어져 뉴스릴을 방송하고 관객들에게 탈출구를 제공했다. 영화관은 5센트 극장보다 규모가 크고 쾌적했으므로 니켈로디언의 인기가 떨어졌다.

〈1차 세계대전(1914-1918) 중의 벨기에 이프르〉

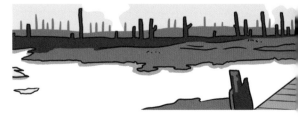

위대한 영화 업적

1910년대가 저물어가면서 버스터 키튼과 찰리 채플린 같은 코미디 영화 제작자들이 믿을 수 없을 만큼 인기를 끌었다. 코미디는 관객을 흥분시키고 즐겁게 하기 위해 무대 마술과 눈속임 편집을 도입하는 등 영화의 쇼맨십에 특히 관심을 기울이는 장르였다. 미국의 카메라맨인 엘진 레슬리는 이 시기의 가장 스펙터클한 카메라 트릭들을 개발하였다. 그가 키튼과 함께 작업한 〈플레이하우스〉(1921)에는 아홉 명의 키튼이 동시에 등장했다.

버스터 키튼
(BUSTER KEATON)

세 번 나눠 찍은 장면

맞춰진 렌즈 구멍

가려진 장면

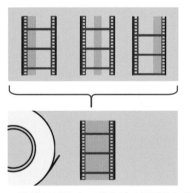

한 장의 필름 스트립에 여러 장면을 노출시켜
그림을 복사하는데, 이것을 합성이라 한다.

최종 완성된 장면(〈플레이하우스〉, 1921)

시대를 이어온 영화관들

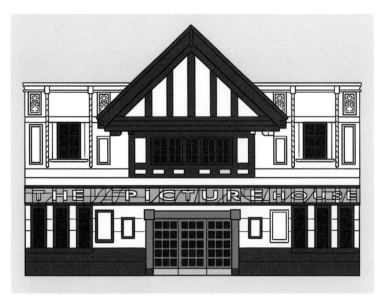

스태퍼드 영화관, 영국(1914)

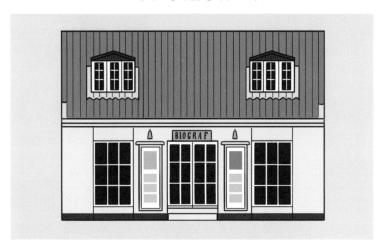

드라괴르 영화관, 덴마크(1928)

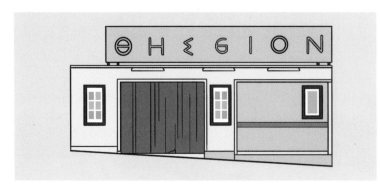

시네 테시온, 그리스 아테네(1935)

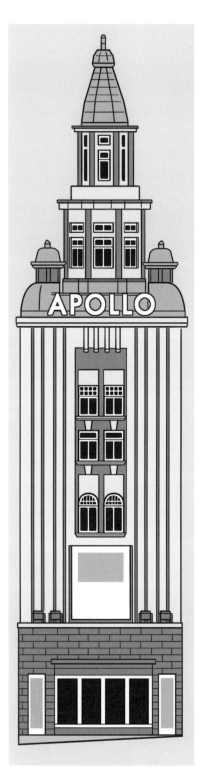

아폴로 키노, 오스트리아 빈(1929)

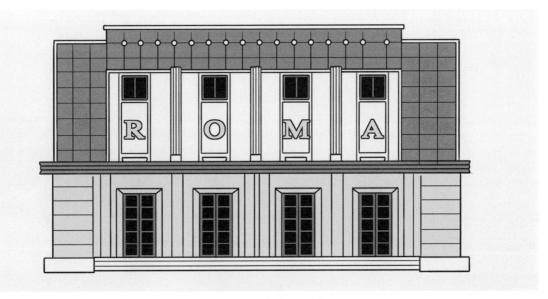

시네마 로마, 에리트레아 아스마라 (1937)

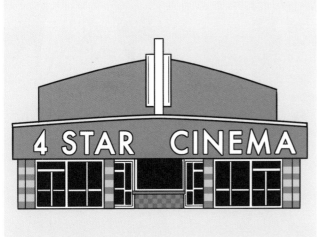

포 스타 시네마, 미국 킬고어 (1987)

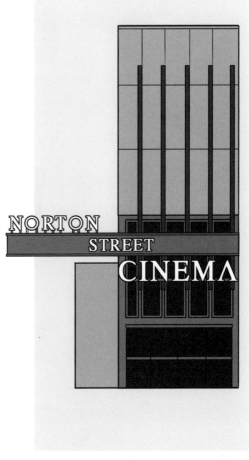

시네마테크 라이프치히, 독일 (1991)

노턴 스트리트 시네마, 호주 시드니 (1998)

1920년대

러시아 내전 이후, 신생 소비에트연방은 자국 영화
산업을 활성화하는 과업에 직면했다. 국가가 지원하는
단편 영화에서 발군의 실력을 보여준 선구자는 지가
베르토프였다. 베르토프와 그의 팀은 '몽타주'라 불리는
기술을 사용해 단편 영화에 심오한 사회적 메시지를
담았는데, 오려낸 짤막한 장면들을 굵은 제목과 함께
편집하는 식이었다.

파르보 카메라(1908)

일상의 위생 활동을 도시를 청소하는 장면과 비교한 유머러스한 몽타주

지가 베르토프
(DZIGA VERTOV)

〈카메라를 든 남자〉(1919)
의 스턴트맨. 달리는 기차
앞에 기사가 서 있다.

40

새로운 영화 제작 공동체

바이마르 공화국 시기 독일은 미래파와 입체파 같은 예술 운동의 중심지였고
바우하우스 학교에서는 예술 교육과 표현에서 새로운 길을 개척했다.
이러한 역동적인 환경이 독일 표현주의 영화 운동의 자양분이 되었다.
연기자나 스태프에게 매우 가혹했다고 알려진 오스트리아의 프리츠 랑
감독의 〈메트로폴리스〉(1927)는 독일 표현주의 미학의 완벽한 사례다.

프리츠 랑(FRITZ LANG)

의상을 갖춰 입은
브리기테 헬름

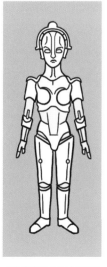

기계인간으로 분장한
브리기테 헬름

프리츠 랑은 〈메트로폴리스〉의 출연자들을 가혹한 상황으로 몰아붙였다.

사운드!

유성영화 혹은 '토키' 이전에는 영화가 상영될
때 옆에서 라이브로 음악이 연주되었다.
보드빌 극장이나 큰 영화관에서는 영상에 맞춰
오케스트라가 연주하였다.
좀 더 규모가 작은 5센트 극장에는 피아니스트와
기계적 음악 장치들이 있었다. 1920년대에
건축된 대형 영화관에서는 커다란 극장용
오르간도 사용되었다.

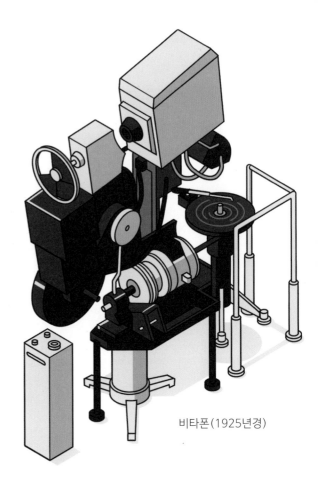

비타폰(1925년경)

포노필름(1920년대 초)

폭스 무비톤 카메라(1926)

초기의 사운드 장치

워너브라더스의 비타폰은 디스크 형식의
일종이었는데, 〈재즈 싱어〉(1927)에 쓰여 소리를
제공했다. 사운드가 나오는 영화를 일단 경험한
대중들은 이전으로 다시 돌아가지 않았다.
비타폰 자체는 필름과 동기화하기 어렵다는 것이
드러나면서 발전에 혼란을 초래하였다.
포노필름과 무비톤이 발명되어 필름 스트립 위에
직접 사운드 정보를 넣게 되자 동기화의 어려움이
해결되었다. 1920년대가 끝날 무렵, 동기화된
사운드는 영화 산업의 표준이 되었다.

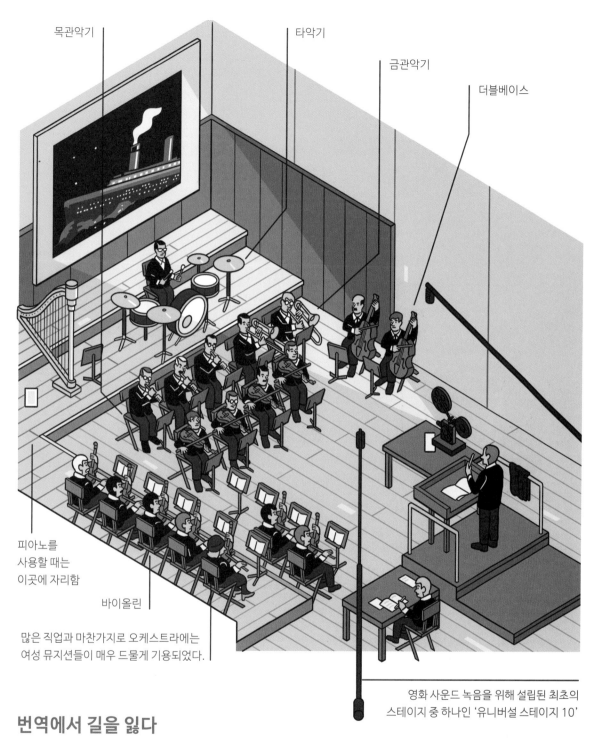

목관악기

타악기

금관악기

더블베이스

피아노를
사용할 때는
이곳에 자리함

바이올린

많은 직업과 마찬가지로 오케스트라에는
여성 뮤지션들이 매우 드물게 기용되었다.

영화 사운드 녹음을 위해 설립된 최초의
스테이지 중 하나인 '유니버설 스테이지 10'

번역에서 길을 잃다

사운드가 도입되자 관객은 언어에 따라 갈라졌다. 뮤지컬 장르는 처음부터 대사가 멜로디와 댄스 연기의
뒷자리를 차지함으로써 틈을 메웠다. 몇몇 제작사들은 여러 언어로 영화를 만들었다. 독일의 에발트
앙드레 뒤퐁 감독의 〈대서양〉(1929)은 장면마다 주요 출연진들을 재빨리 바꾸는 방식으로 독일어와
영어로 동시에 찍었다.

1930년대

대공황은 영화관 입장료에도 막대한 피해를
주었다. 극장들은 한 편의 입장료에 두 편의
영화를 보여주는 방식으로 대응했다.
동시상영은 수준 높은 A급 영화에 싼
제작비로 만들어진 B급 영화를 끼워 상영하는
방식으로 이루어졌다.

〈프랑켄슈타인〉(1931)

〈프랑켄슈타인의 신부〉
(1935)

〈플래시 고든〉(1936)

〈투명인간〉(1933)

스타 감독들

미조구치 겐지 감독의 영화는 봉건 시대에서
근대로 이행하는 일본 사회를 묘사했다.
그는 확장된 쇼트를 사용하는 것으로 유명했는데,
이를 위해서는 미술감독 미즈타니 히로시의 세트와
소품들에 대한 세심한 주의가 요구되었다. 제작
전반에 대한 겐지 감독의 세심한 접근은 동시대
감독들에게 큰 영향을 미쳤으며 1960년대의
세계적인 신사조에 스며들었다.

〈오사카 엘레지〉(1936)

미조구치 겐지
(MIZOGUCHI KENJI)

관객의 시선을 끌고 분위기를
전하는 데 쓰인 미장센

알프레드 히치콕
(ALFRED HITCHCOCK)

〈39 계단〉(1935)

영국의 알프레드 히치콕 감독은 1930년대에
높은 평가를 받았다. 그는 몽타주 기술과 독일
무성영화의 긴장감을 결합해 일련의 뛰어난
스릴러 영화들을 창조했다.
그가 영화에 적용하기를 열망했던 기법 중
하나는 후면 영사였다. 이 방식은 촬영된 장면
뒷면에 푸티지를 투사하는 것과 관련된다.
예를 들면 〈39 계단〉(1935)은 기차 화물칸
밖의 움직이는 이미지를 만들어내기 위해
후면 영사 기법을 사용했다.

컬러!

영화에 색을 입히려는 초기 시도는 필름
표면을 염색하는 공정과 연관되었는데, 이러한
작업은 가장자리에 드러나 있는 사운드 정보를
간섭한다는 문제가 있었다.

미국인 조지프 A. 볼과 그의 기술자들은
프리즘을 이용해 빛을 분광시키는 3색판
테크니컬러 카메라를 제작했다. 빛의 스펙트럼은
상응하는 세 장의 네거티브 필름에 노출되었다.
개량된 필름 재료는 색이 입혀지고 사운드
정보가 입혀진 다른 필름 위로 옮겨졌다.

테크니컬러 카메라(1932)

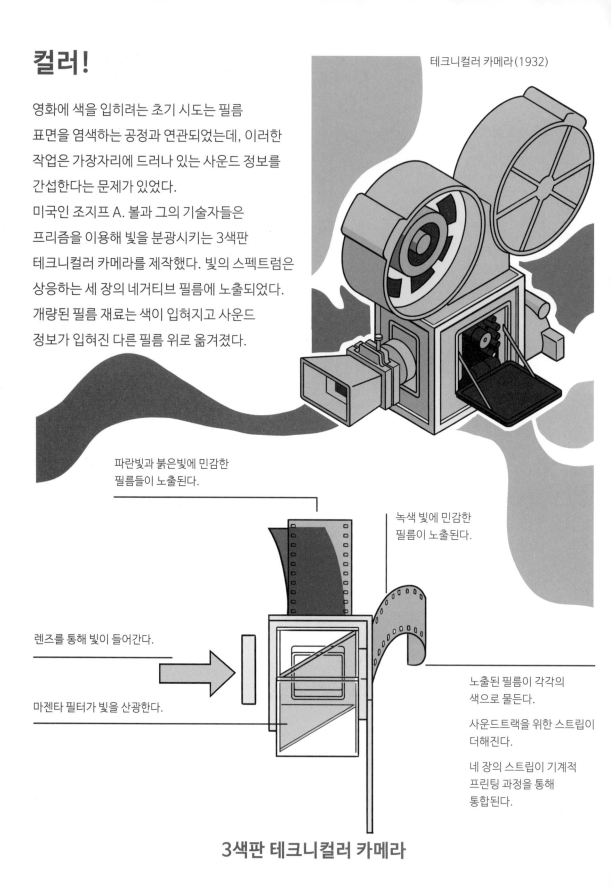

파란빛과 붉은빛에 민감한
필름들이 노출된다.

녹색 빛에 민감한
필름이 노출된다.

렌즈를 통해 빛이 들어간다.

마젠타 필터가 빛을 산광한다.

노출된 필름이 각각의
색으로 물든다.

사운드트랙을 위한 스트립이
더해진다.

네 장의 스트립이 기계적
프린팅 과정을 통해
통합된다.

3색판 테크니컬러 카메라

다채로운 캐릭터들

처음으로 의상 파트가 온갖 스펙트럼의 색상을 자유롭게 탐구했으며 의상을 통해 이야기를 전하는 새로운 방식을 발견하였다.

〈오즈의 마법사〉(1939)의
주디 갈란드(도로시 역)

〈로빈 후드의 모험〉(1938)의
에롤 플린(로빈 후드 역)

〈오즈의 마법사〉(1939)의
프랭크 모건(문지기 역)

〈여인들〉(1939)에
사용된 의상

오스카상을 받은 최초의 컬러 영화인 〈바람과 함께 사라지다〉(1939)

"당신은 키스가 필요해요. 물론 자주. 그것도 잘하는 사람에게서 받아 봐야 해요."

1940년대

2차 세계대전 동안 소비에트연방은 최소 400명 이상의 카메라맨을 전선으로 보내 필름을 찍어 오게 했다. 독일의 영화 산업을 완전히 국유화한 나치당은 영화를 사회 조작의 도구로 썼다.
나치의 선전 영화를 관람한 사람들은 4500만 명이 넘는 것으로 추산된다.

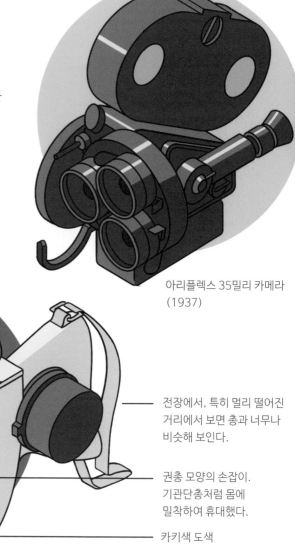

아리플렉스 35밀리 카메라
(1937)

전장에서, 특히 멀리 떨어진 거리에서 보면 총과 너무나 비슷해 보인다.

권총 모양의 손잡이. 기관단총처럼 몸에 밀착하여 휴대했다.

카키색 도색

커닝햄 컴뱃 카메라(1945)

전쟁의 무기

1937년 독일 회사인 아르놀트와 리히터사는 아리플렉스 35라 불리는 반사식 35밀리 동영상 카메라를 최초로 개발했다.
이 카메라는 혁신적인 반사식 셔터가 장착되어 있어 필름에 포착된 이미지를 볼 수 있었다. 이 카메라의 독특한 모방작이 미국의 커닝햄 컴뱃 카메라였는데, 소총 같은 옆모습과 카키색 마감 때문에 흡사 무기 같았다.

전선에서 온 영화들

미국의 정보국은 할리우드의 감독들과 배우들을
선전물 제작에 동원했다.
〈멋진 인생〉(1946)으로 알려진 프랭크 캐프라
감독은 〈전쟁의 서곡〉(1942)을 포함하여
〈왜 우리는 싸우는가〉 시리즈를 감독했다.
존 포드는 군에 징병되어 〈성 보건〉(1941)과
같은 군사용 훈련 비디오를 제작했다.

〈인간성의 저점〉(1945)

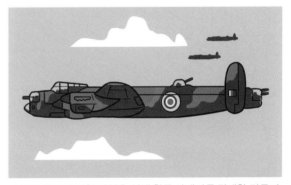

스파이 활동과 시험 작업을 위해 항공 카메라를 탑재한 전투기

필름 누아르

필름 누아르 장르는 전쟁의 긴장과 공포로 번성했다. 필름 누아르 촬영 기법은 1920년대 독일 표현주의로부터 깊은 영향을 받았는데, 가령 조명, 세트 디자인, 의상의 조합을 통해 날카로운 영상미를 포착하는 데 강박적으로 집착한다는 점에서 그랬다. 놀라운 인물이었던 오손 웰스는 아마도 이 장르 최초의 작품이라 할 수 있는 〈시민 케인〉(1941)에서 제작, 감독, 주연을 맡았다. 비선형적인 이 이야기는 다양한 편향을 가진 여러 화자들의 시선으로 차례차례 전개되어 관객들이 풀어야 할 조각난 미스터리를 만들어낸다.

오손 웰스
(ORSON WELLES)

감독 겸 배우, 그리고
화성인 침략 루머를 퍼트린
거짓말쟁이

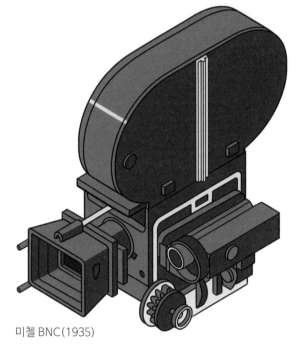

미첼 BNC(1935)

젊은 케인

늙고 괴팍한 케인

은 그 사람들이
당신 소유물인
셔 말하는군요.

〈시민 케인〉(1941)
웰스의 최고 걸작이자 아마도 필름 누아르의
결정판 같은 영화

그레그 톨런드
(GREGG TOLAND)

미국의 촬영감독인 그레그 톨런드는 놀라운 딥 포커스 기법을 비롯하여 다양한 촬영 기술을 개발하였다.
딥 포커스는 한 쇼트에서 전경, 중경, 후경 전체에 초점을 맞추는 걸 말하는데
배우의 연기를 조밀하게 뒷받침함으로써 미묘한 의미를 만들어낼 수 있다.
톨런드는 미첼 BNC 카메라를 개조하여 원격 초점 메커니즘을 장착하고 전략적으로 탄소아크등을
설치하여 딥 포커스 효과에 필요한 조명 조건을 최적화했다.

1950년대

1950년대 내내 영화 관람은 점차 줄어들었다. 원인 중 하나는 전후 젊은 세대의 가족들이 영화관이 꽉 들어찬 도시에서 조용한 교외로 빠져나간 것이다. 스튜디오들은 돈이 많지 않은 관객들을 끌어들이기 위해 동시상영을 하는 자동차 극장을 세워 이 문제에 대응했다.

〈사랑은 비를 타고〉
(1950)의 데비 레이놀즈

〈데스티네이션 문〉
(1950)

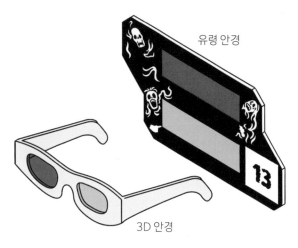

유령 안경

3D 안경

새로운 고안품들

많은 영화와 영화관들은 관객을 끌어들이기 위해 새로운 고안품을 실험했다. 특히 윌리엄 캐슬은 창의적인 발명품들로 유명했다. 공포 영화인 〈팅글러〉(1959)를 상영하는 동안 스크린에 이름뿐인 기생충이 모습을 드러내자 좌석에 설치된 버저가 울려 관객들을 공포에 빠트렸다.

자동차 극장

앙리 크레티앵
(HENRI CHRÉTIEN)

와이드 스크린

프랑스의 천문학자이자 발명가인 앙리 크레티앵은 1차 세계대전 동안 탱크에 쓰이는 애너모픽 렌즈를 개발했다. 타원형으로 생긴 이 렌즈는 180도 시야각을 제공하여 시네마스코프의 와이드 스크린 효과를 만들어내는 데 사용되었다. 미국의 카메라 기술자인 로버트 고트샤크가 이 작업을 이어가 파나비전 카메라를 개발하였고 1960년대 말 무렵에는 이것이 표준 장비가 되었다.

애너모픽 렌즈는 프랑스의 탱크를 위해 개발되었다.

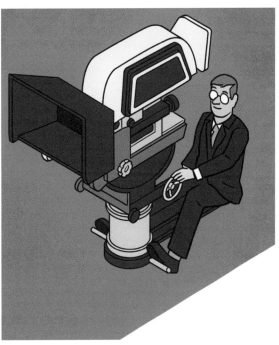

초기 파나비전 카메라

표준렌즈

애너모픽 렌즈

추가적인 수평 디테일을 만들어낸다!

사무라이 미학

전쟁이 끝나자 일본의 영화 산업은 제국의 국유화에서 풀려났다. 야심만만한 새로운 유형의 감독들이 등장했는데, 그중 가장 영향력 있는 감독은 구로사와 아키라였다. 이전 세대인 미조구치처럼 구로사와도 미장센의 대가였다. 세트의 구성, 소품 그리고 배우가 모두 이야기를 전하는 데 깊이 고려되었다.

구로사와 아키라
(KUROSAWA AKIRA)

아름답게 균형을 이룬 미장센(〈라쇼몽〉, 1950)

작품만큼 창작자에 대해 말해주는 것은 없다.

구로사와 감독은 자신만의 독특한 회화와 스토리보드를 그렸다.

〈요짐보〉(1961)

〈산지로〉

〈7인의 사무라이〉(1954)는 세계 여러 나라의 관객에게서 공감을 얻고 이후 제작된 액션 영화들에 지속적인 충격을 주었다. 세르조 레오네의 서부극인 〈황야의 무법자〉(1964)는 구로사와의 후기작인 〈요짐보〉(1961)를 비공식적으로 각색한 것이었다.

〈석양의 무법자〉

〈황야의 무법자〉(1964)

〈7인의 사무라이〉의 세트

구로사와는 가상의 인물 내력과 극히 상세한
참고도서를 만들어가면서 영화적 세계를 창조해내는
일에 세심한 관심을 기울였다.

구로사와 감독은 촬영감독인 나카이 아사카주와 작업하면서 가능한 한 많은 장면을 포착하기 위해 독립된 세 개의 카메라팀을 운용했다. 포즈를 취하지 않은 스냅 사진일지라도!

일관성을 유지하기 위해 '살해된' 산적의 수를 기록하는 데는 집계표가 사용되었다.

〈7인의 사무라이〉는 일본에서 만들어진 영화 중 가장 제작비가
많이 든 작품이었다. 예산 문제로 인해 몇 차례 제작이 중단되었지만
구로사와는 이 영화가 완성될 것이라고 확신했다.
중단된 동안에 그는 그저 낚시에 몰두했다.

편집

영화의 편집은 움직이는 이미지에 구조와 시각적 언어를
적용하는 활동이다. 초창기의 영화들은 움직이는 사진들에
불과하여 오늘날 우리가 기대하는 연속성은 결여되었다.
영화 제작자들은 1890년대가 끝나갈 무렵 더 큰 야심을
품게 되어 한 작품 속에 여러 개의 쇼트를 포함시켰다. 전문
장비를 발명하기 전 최초의 편집자들은 가위와 테이프를
사용해 문자 그대로 필름을 자르고 붙였다.

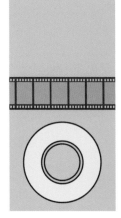

최초의 편집 도구인 가위와 테이프

초창기의 편집 기구(1890년대)

편집용 영사 장치 무비올라(1924)

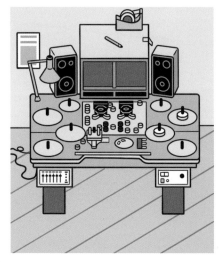

스틴벡 평판(1934년 특허)

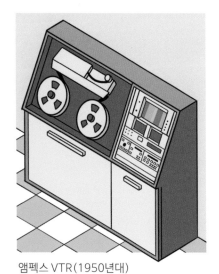

앰펙스 VTR(1950년대)

여성을 위한 기회

영화라는 창조적 산업은
전통적으로 여성에 대한 편견을
가지고 있었다. 많은 여성들이
불운하게도 이러한 전통을
감내해야 했다. 하지만 영화사
초기부터 편집은 많은 여성들이
이 산업에 진입할 수 있고
또 중요한 작가적 기여를 할 수 있는
기술 분야로 간주되었다.

셀마 스쿤마커
(THELMA SCHOONMAKER)
마틴 스코세이지 감독의 편집자

CMX 편집실(1970년대)

편집 드로이드(1983)

모더니시 편집실

앤 V. 코아츠
(ANNE V. COATES)

데디 알렌(DEDE ALLEN)

비나 폴(BINA PAUL)

1960년대

모든 메이저 스튜디오에 도덕적 기준을 제시하는 할리우드의 제작 규범은 반복적인 위반으로 인해 무너졌다. 미국의 영화 제작자들과 관객들은 유럽 영화로 인해 성과 폭력을 노골적으로 다룬 장면들에 오랫동안 노출되었다. 게다가 스탈린 사후 러시아는 체제가 이전에 금지했던 주제를 탐구하는 데 자유로워졌다.

고든 파크스
(GORDON PARKS)

시민권

미국의 시민권 운동은 영화 제작자들이 복잡한 인종 문제를 다루고 탐구할 수 있도록 북돋아 주었다. 사진가이자 영화작가인 고든 파크스는 메이저 스튜디오와 함께 영화를 연출한 첫 번째 아프리카계 미국인이었다.
데뷔작인 〈배우는 나무〉(1969)는 그의 자전적 소설을 각색한 작품인데, 이 프로젝트에서 파크스는 시나리오, 음악, 감독 및 공동제작을 담당하는 등 쉽게 찾아볼 수 없는 창조적 역량을 보여줬다.

〈배우는 나무〉(1969)

새로운 이야기들

1950년 인도는 민주공화국을 선포하였다. 정부 기금은
국립 제작사들을 양성하였고 특히 힌디 영화들은 높은 생산성을
보였다. 〈무갈과 아잠〉(1960)은 10년 넘게 제작되었고
믿을 수 없을 만큼 많은 제작비가 들었다.
미술감독인 M. K. 사이드는 짓는 데 한 달 이상 걸린 엄청나게 크고
사치스러운 세트의 제작을 감독했다. 전투 장면에만 완벽하게 무장한
8천 명이 넘는 군인들이 참여했다.

아시프 카림(ASIF KARIM)
〈무갈과 아잠〉의 감독

〈무갈과 아잠〉(1960)

프랑스 누벨바그

영화 제작의 관행을 혁신한 것은 프랑스 누벨바그였다. 이
사조는 영화감독이 문학 작품의 저자와 같은 역할을 하도록
고무하고 낡은 관습을 깨뜨렸다. 장 뤽 고다르는 공식 대본에
따라 작업하는 것을 선호하지 않고 즉흥적인 카메라워크와
대사, 연출 방향 등을 적어 놓은 노트만 가지고 하루의
촬영을 시작하는 방식을 즐겼다. 이 시기의 많은 영화들은
깔끔한 연결에 과도한 관심을 쏟았지만 누벨바그는 비용을
절감하고 관객에게 도전하는 충격적인 점프 컷을 실험했다.

아녜스 바르다
(AGNÈS VARDA)
〈5시에서 7시까지
클레오〉의 감독

장 뤽 고다르
(JEAN LUC
GODARD)
디렉터

〈5시에서 7시까지 클레오〉(1962)

마리 반 브리탄 브라운
(MARIE VAN BRITTAN BROWN)

가정용 폐쇄회로 카메라를 발명함
(1966)

피에르 앙제니외
(PIERRE ANGÉNIEUX)

현대 줌렌즈의 발명자 중 한 명

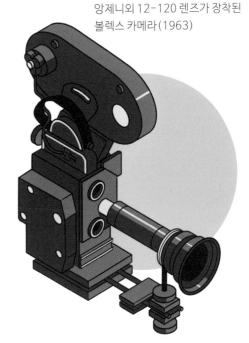

앙제니외 12-120 렌즈가 장착된
볼렉스 카메라(1963)

장 폴 벨몽도,
〈미치광이 피에로〉(1965)

진 시버그,
〈네 멋대로 해라〉(1960)

니조 슈퍼 8밀리 카메라
(1965)

1963년 프랑스의 엔지니어인 피에르 앙제니외는
12밀리에서 120밀리까지 조절할 수 있는 줌렌즈를
출시했다. 이전에 비하면 상당한 개선이었다. 새로운
줌렌즈는 대형 상업 영화는 물론 가정용 슈퍼 8밀리
카메라와 함께 널리 대중화되었다.

1970년대

많은 영화 제작사들이 다른 문화를 동화하거나
그대로 되뇌는 영화를 제작했다.
아프리카계 미국인 관객을 타깃으로 하는
블랙스플로이테이션(흑인 착취) 영화를 포함하여
전방위적인 '착취' 영화들이 만들어졌다.
처음에는 매우 인기를 끌고 영향력이 있었지만
많은 흑인 착취 영화들은 고정관념을 강화하는 것
이상의 역할을 하지 못했다.

리처드 라운트리,　　　팸 그리어,
〈샤프트〉(1971)　　　〈코피〉(1973)

영화 포스터 제작 과정

사진가들의 제작

일러스트레이터

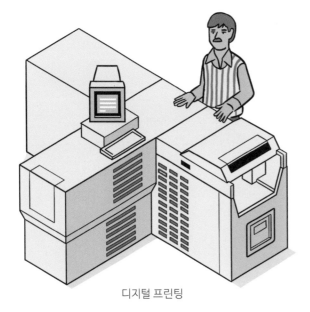

디지털 프린팅

가상의 영화 포스터

〈할로윈〉(1978)에 사용된
모조 파나글라이드

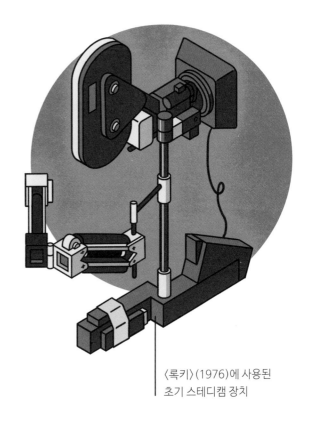

〈록키〉(1976)에 사용된
초기 스테디캠 장치

놀라운 이동성

역사적으로, 부드러운 움직임은 '달리'라 불리는
바퀴 달린 마운트에 의해 달성되었다.

달리는 보드나 트랙에 의존했기 때문에 조립하는
데 시간이 걸렸고 아무리 세심하게 조작할지라도
카메라를 이동시킬 때 발생하는 흔들림을 막을 수
없었다. 미국의 카메라 기사인 개럿 브라운은
1975년 스테디캠을 발명했다.

스테디캠 장치는 카메라맨의 급격한 움직임을
완화함으로써 달리 시스템보다 저렴한 비용으로
부드러운 영상을 만들어 주었다. 이 시스템은
파나비전 사의 파나글라이드와 같은 다양한
모방작을 낳았지만 시간의 검증을 이겨내고
오늘날까지 계속 사용되고 있다.

파나비전 카메라

〈스타워즈〉의 세트

젊은 조지 루카스가 『휠스 저널(Journal of the Whills)』의
「전설 1: 스타워즈」를 각색하여 '루크 스타킬러의 모험'이라
이름 붙인 대본을 가지고 20세기폭스와 접촉했을 때 그는 이미
〈아메리칸 그래피티〉(1973)의 감독으로 어느 정도 알려져 있었다.
그가 상품화 및 저작권 사용을 위해 쓴 비용은 50만 달러였는데,
그로 인해 결국 엄청난 부자가 되었다. 영화는 최종적으로
〈스타워즈〉(1977)라는 이름으로 개봉되어 대중문화를
영원히 바꿔놓았다.

고정된 타이파이터(은하 제국의 전투
비행체) 주위로 카메라가 움직이면
비행하는 듯한 영상이 만들어진다.

조지 루카스
(GEORGE LUCAS)
감독 겸 작가

마샤 루카스
(MARCIA LOU LUCAS)
편집자

폴 허시(PAUL HIRSCH)
편집자

리처드 츄
(RICHARD CHEW)
편집자

타이파이터는 본래 파란색 계통이었는데 크로마키에 문제가 되지 않도록 색이 바뀌었다. (85쪽 참고)

혁명적인 시각효과

〈스타워즈〉의 후반 작업은 혁명적인 특수효과 기술의 조합이라 할 수 있다. 미니어처 사용, 블루 스크린, 의상, 교향악 음악을 비롯한 모든 것들이 40년 넘게 관객을 사로잡아온 명작을 만들어냈다.

조지, 이 욕설을 타이핑할 순 있겠지만 그걸 말할 순 없다는 걸 알잖아요.

더 빨리, 더 세게 말해봐!

〈스타워즈〉의 세트

리비아 당국은 샌드 크롤러를 분명 군용 차량으로
오인한 듯하다. 긴장을 낮추기 위해
튀니지 정부는 루카스에게 세트를 해체하여
국경에서 멀리 떨어트려 줄 것을 요청했다.

'자와족'은 작은 사람들과
어린이들이 연기했다.

세트 사진을 보면 튀니지의
태양 아래에서 스태프들이 더위를
이겨내려고 시도한 흥미로운 방법들을
알 수 있다.

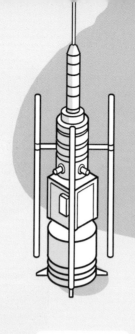

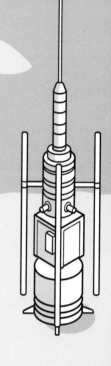

이 R2 유닛은 동력
장치가 좋지 않군!

오리지널 세트의 상당 부분은
오늘날까지 인기 있는 관광 시설로
남아 있다.

C-3PO 의상을 착용한 배우 앤서니 대니얼스는
앉을 수도 없었다. 그가 기댈 수 있도록
휴대용 보드를 만들었다.

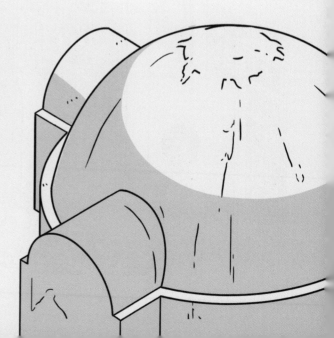

1980년대

큰 수익을 낳는 블록버스터 작품을 계속 만들려다
보니 스튜디오들은 하나하나의 영화에 더 많은
비용을 들이게 되었다. 이것은 곧 이익을 창출하는
것을 기반으로 종종 창의적인 결정이 이루어진다는
의미였다. 스타워즈 프랜차이즈의 광범위한
성공은 관련 부가 상품의 수익이 박스오피스
수익을 훨씬 넘어설 수 있음을 입증했다.

베타맥스

베타맥스 전쟁

표준 형식을 놓고 벌인 전쟁에서 VHS가 베타맥스에
승리하여 VHS 대여 및 판매 시장에서 붐을 이끌었다.
비디오 직판 시장은 많은 영화 제작자들로 하여금
영화를 저렴한 가격에 배급할 수 있게 해주었다.

VHS(가정용 비디오 시스템)

CGI

1960년대 탄생한 컴퓨터 그래픽 이미지(CGI)는 1980년대에 직장과 가정에서 컴퓨터가 널리 사용됨에 따라 빠르게 발전했다. 〈트론〉(1982)은 야심에 찬 15분짜리 3D 랜더링 이미지를 선보였고, 〈인디아나 존스: 최후의 성전〉(1989)은 편집 없이 디지털 합성을 통해 빠른 노화 효과를 최초로 만들어냈다.

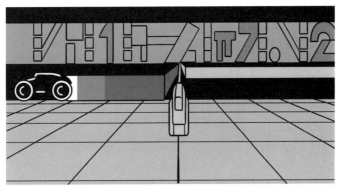

〈트론〉의 CGI 시퀀스

인공적인 배경

미국의 스탠리 큐브릭 감독은 프리 프로덕션에 대한 접근 방식이 까다로웠다. 〈2001: 스페이스 오디세이〉(1968)에서 큐브릭은 나사(NASA) 및 SF 소설가 아서 C. 클라크와 협력함으로써 미래 우주 기술에 대한 정확한 그림을 만들어낼 수 있었다.

스탠리 큐브릭
(STANLEY KUBRICK)

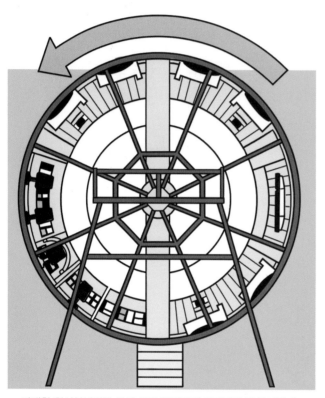

거대한 원심분리기를 통해 우주 정거장의 이미지가 만들어졌다.

↓

원심분리기 안에 카메라가 고정되어 키어 둘레이가 움직이는 유일한 존재인 것처럼 보이게 했다.

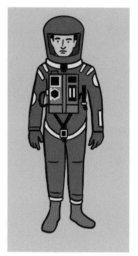

데이브 역을 맡은
키어 둘레이

모놀리스

베트남전쟁을 다룬 영화인 〈풀 메탈 재킷〉(1987)은 전부 영국에서 찍었다. 큐브릭은 스페인에서 작은 야자수 숲을 들여와 열대 로케이션의 이미지를 만들었다. 철저한 사진 연구 또한 세트 및 의상 디자이너들이 1960~70년대 전쟁이 벌어진 베트남의 정확한 외형을 만들어내는 데 도움을 주었다.

베트남 세트 전체는 런던에 만들어졌다.

77

1990년대

경쟁하는 두 가지 디스크 포맷을 결합해 디지털
다기능 디스크(DVD)를 만들어냈다.
DVD는 VHS보다 우수한 품질과 스토리지를
제공하고 제조비용도 쌌다. 방송 텔레비전
시청률은 케이블 네트워크에 비해 지속적으로
하락했다. 1999년 출시된 티보(TiVo) 디지털
비디오 녹화기가 주문형 비디오 시대를 열었다.

도시바 SD-2006
DVD 플레이어(1997)

1990년대 십대 침실에 대한 가벼운 스케치

티보 박스(1999)

디지털 시대

소니의 디지털 촬영 카메라로 최초의 디지털 영화인 〈레인보우〉(1996)가 만들어졌다. 〈스타워즈 에피소드 1: 보이지 않는 위험〉은 시제품 DLP 영화 프로젝터를 통해 대중 상영된 첫 번째 영화가 되었다. 이후 루카스는 〈스타워즈〉의 여러 속편을 완전히 디지털 방식으로 찍었다.

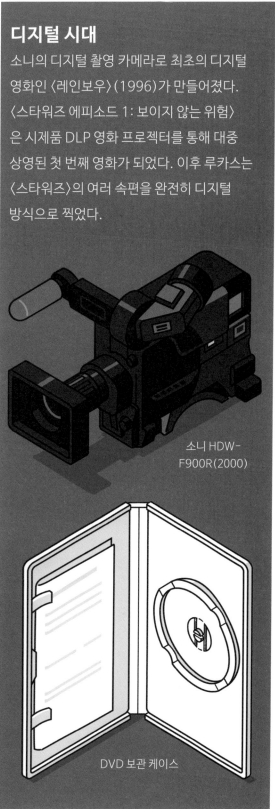

소니 HDW-F900R(2000)

DVD 보관 케이스

초기 디지털 프로젝터

다양한 확장

1990년대 동안 한층 인상적인 블록버스터 영화들이 계속 등장했다.
이 시기의 많은 영화들은 극적인 폭발 장면과 과도한 세트로 특징지어졌다.
블록버스터 영화 마니아들이 늘면서 티켓 판매가 증가했는데,
〈타이타닉〉(1997)은 최초로 10억 달러 이상의 수익을 낸 영화가 됐다.
멀티플렉스가 표준이 됨에 따라 영화관 입장료가 상승하고 평균 관객 수가 증가했다.

영화 속의 폭발 장면을 찍기 위해서는
많은 양의 휘발유가 필요하다.

'실제' 폭발은 덜 영화적이어서
보통 짧은 폭발이 있은 후 먼지와 연기가
뒤따르는 식이다.

〈스피드〉(1994)

오로지 연기를 위해 산드라 블록은 버스 운전을 배웠다!

꿈의 논리에 따른 연출

미국의 감독이자 음악가 겸 배우인 데이비드 린치는 1990년대에 왕성한 생산력을 과시하여 〈광란의 사랑〉(1990)과 〈트윈 픽스〉(1992) 같은 영화들을 만들었다. 린치는 꿈의 논리에서 영감을 받아 그가 관여한 모든 작품은 점점 더 독창적으로 변했다. 영화 평론가들은 종종 그의 영화에서 저마다 고유한 의미를 끄집어내 대중문화의 전복이니 초현실주의 예술이니 하며 포장했다.

데이비드 린치
(DAVID LYNCH)

린치는 비공식적으로 대화를 나누는 방식의 오디션을 선호했다.

바닥 광택의 변색을 막기
위한 보호 양말.

지그재그 문양은 〈이레이저 헤드〉(1977)에도
등장하여 알렉스의 로비를 장식했다.

21st CENTURY

21세기

2000년대

인터넷의 등장은 낡은 미디어를 압도했다. 랩톱 컴퓨터,
스마트폰, 태블릿 등은 더욱 가격이 적정해지고 휴대가
간편해져 사용자들이 거의 모든 곳에서 콘텐츠를 볼 수 있게
해주었다. 스카이 애니타임과 BBC 아이플레이어 같은
서비스는 시청자를 TV 편성표의 구속에서 해방시켰다.
P2P 방식은 토렌트와 비디오 스트리밍 사이트를 통해 일부
사람들이 더 쉽게 불법적으로 콘텐츠에 접근할 수 있도록 하여
영화와 텔레비전 산업에 피해를 주는 것으로 드러났다.

보다 저렴하고 사용자 친화적인 기기들이
불법적인 도용 행위를 훨씬 더 흔한 일로 만들었다.

피어-투-피어(P2P) 파일 공유

맥북 프로(2006)

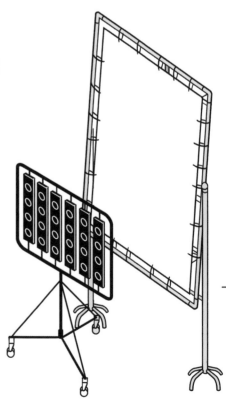

광패널과 디퓨저를 정교하게 사용함으로써
스튜디오 내 인공조명의 안정 범위가 확대되었다.

크로마키

크로마키는 필름 푸티지에서 특정한 컬러 영역을 없애거나 바꾸는
것과 관련된 후반 작업이다. 보통은 서로 다른 필름 조각들을
합성하는 데 쓰여 각각의 물체와 움직임들이 같은 공간을 차지하고
있다는 환영을 만들어낸다.

2000년대의 기술적 발전으로 푸티지 합성은 훨씬 용이해졌다.
케리 콘랜의 감독 데뷔작인 〈월드 오브 투모로우〉(2004)에
이 기술이 광범위하게 채택되어 거의 대부분의 촬영이 녹색 스크린
앞에서 소니 HDW-F900 캠코더로 이루어졌다.
촬영 자체는 겨우 24일이 걸렸지만 대부분의 시간과 노력, 비용은
후반 작업의 CGI 효과에 소요되었다.

〈월드 오브 투모로우〉(2004)의 세트

문화적 교류

중국 출신의 장이머우가 감독하고 호주 출신의 크리스토퍼 도일이
촬영한 〈영웅〉(2002)은 촬영, 미술, 디자인, 안무의 승리라고
할 만한 작품이다. 프리 프로덕션 과정에서 로케이션은 색과 빛을
통해 감정을 전달할 수 있는 곳이 선택되었고 대본은 기후가 만드는
느낌에 맞춰 수정되었다. 일례로 촬영은 숲의 나뭇잎들이 일정한
색조의 노랑으로 바뀔 때까지 미뤄야 했다.

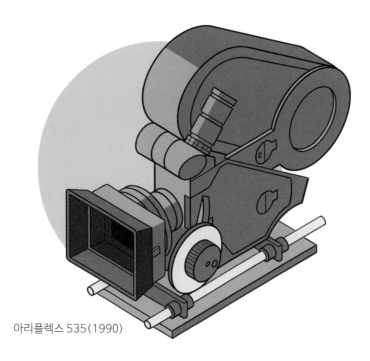

아리플렉스 535(1990)

장 이머우
(ZHANG YIMOU)

크리스토퍼 도일
(CHRISTOPHER DOYLE)

〈영웅〉(2002)의 로케이션에는
실제 날씨가 주는 효과가 고려되었다.

화려한 색의 향연을 보여주는 관련 장면

2010년대

슈퍼히어로, SF 그리고 판타지 영화들이 이 시기에 매우 인기를 끌었다.
마블 스튜디오는 독특한 시네마틱 유니버스를 고안함으로써 다양한 등장인물과
스토리가 자사의 영화와 '앙상블 캐스트'를 포함한 작품들에 공존할 수 있게 했다.
여타의 프랜차이즈들은 〈스타워즈〉와 '유니버설 몬스터스' 시리즈처럼 다양한
수준의 성공을 거둠으로써 비슷한 길을 가고자 시도했다.

푸른색과 녹색의
스크린은 저마다
장점이 있다.
채도가 높은 녹색이
갖는 이점 중
하나는 의상에 거의
사용되지 않는다는
것이다.

실용적인 소품과 녹색 스크린을 사용해 구성한
〈어벤져스〉(2012) 세트

놀라운 모션 캡처

모션 캡처는 컴퓨터를 이용한 디자인의 도입과 함께 극적으로 개선되었다.
〈반지의 제왕〉 시리즈에서 골룸을 연기한 앤디 서키스는 자신의 경험을
살려 2010년 모션 캡처를 이용한 애니메이션 전문 회사인 이미지나리움을
공동 설립했다.

앤디 서키스
(ANDY SERKIS)

이 특이한 장치는 무중력 상태의 우주에서의 움직임을 시뮬레이션하기 위해 쓰였다.

멕시코 출신인 알폰소 쿠아론 감독의 〈그래비티〉(2013)의 주요 장면들은 배우의 수많은 얼굴 클로즈업과 관련된다. 제작팀은 배우들이 녹색 스크린이 아닌 다른 무언가를 상대로 연기하도록 돕기 위해 '샌디스 케이지'를 설계했다. 케이지는 반응형 LED로 전체 벽을 둘러침으로써 배우들이 바라보고 또 그들의 얼굴을 스포트라이트보다 훨씬 정확하게 비추는 이미지들을 만들어냈다.

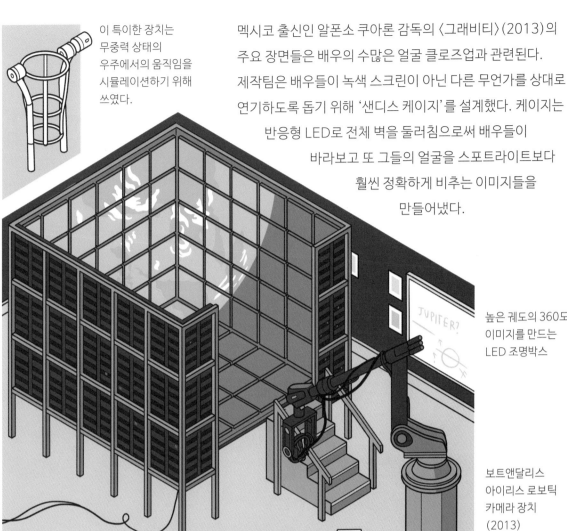

높은 궤도의 360도 이미지를 만드는 LED 조명박스

보트앤달리스 아이리스 로보틱 카메라 장치 (2013)

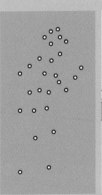

배우의 움직임은 특수 제작된 보디 슈트를 통해 추적된다.

최초의 운동 데이터를 변환하고 개선하기 위해 수많은 애니메이터들이 극히 난해한 작업을 수행한다.

결국 온전히 컴퓨터가 만들어낸 인물들이 실사 영화에 덧붙여진다.

종합

2000년대에 고예산 블록버스터 영화들은
컴퓨터가 만들어내는 환경과 효과,
캐릭터들에 점점 더 결부되었고, 이러한
방향은 평론가와 관객들을 지치게 만들기
시작했다.

발할라!

조지 밀러(GEORGE MILLER)

마거릿 식셀(MARGARET SIXEL)
편집

다른 영화 제작자들은 CGI에 완전히 의존하기보다는
그 실질적인 효과로 돌아갔다.
〈매드 맥스: 분노의 질주〉(2015)는 호주의 조지
밀러 감독이 연출했는데, 그는 스펙터클한 스턴트
작업과 불꽃제조술, 그리고 야외 촬영을 광범위하게
사용하여 원초적이면서도 비범한 액션 영화를
만들었다.

제니 비반(JENNY BEAVAN)
의상디자이너

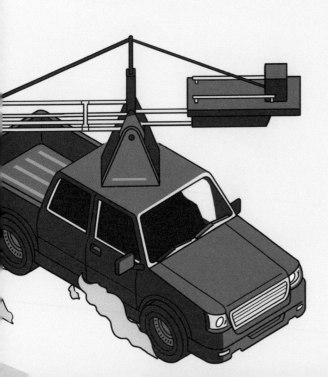

임모탄 조 역의
휴 키스 번

퓨리오사 역의
샤를리즈 테론

미래

이런 유의 책에서 저자가 미래에 대해 언급하는 것은 어리석은 일이 되기 쉽다.
하지만 나는 20년 후 안락한 나의 부상(浮上) 의자에 앉아 이 부분의 나의 예언들이 얼마나 맞았는지 따져보기를 고대해 마지않는다.

가상현실 헤드셋(2018)

증강현실 '스냅 안경'(2016),
어디서나 영화를 보는 미래 사회의 전조?

VR(가상현실)이나 AR(증강현실)
장치들은 오늘날의 스마트폰처럼
일상화될 것이다.

홀로그램 영사기나 증강현실은
가정의 전통적인 고정된 TV 세트를 대체할 것이다.

새로운 현실

그렇다면, 바로 지금의 최첨단 기술은 무엇일까? 쌍방향 경험을 더 원하는 관객의 경우 비디오 게임은 자주 영화를 넘어서는 성취를 보여준다. 내가 말하려는 것은 보다 상호적인 경험을 바라는 관객의 경우이다. 최근 〈로그원: 스타워즈 스토리〉 (2016)를 감독한 개러스 에드워즈는 완전히 컴퓨터가 만들어내는 푸티지를 연출하기 위해 가상현실(VR) 헤드셋을 이용했다.

핸드셋은 미리 만들어진 푸티지와 상호작용하는 창으로 작동한다.

감독은 핸드셋을 사용하여 미리 만들어진 가상의 액션을 '찍는다.'

수많은 애니메이터들이 감독의 연출을 바탕으로 애니메이션을 다듬는다.

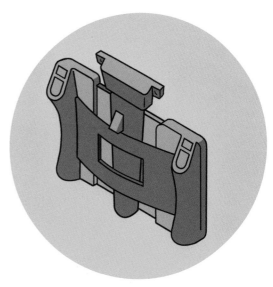

증강현실 핸드셋(몇 개의 장치를 함께 묶음)

증강현실은 오래전부터 존재했지만 그것이 정말 완벽한 체험이 되려면 몇 년이 더 걸릴 것이다. 앞으로 수십 년 후면 우리는 안경이나 콘택트렌즈로 증강된 환경을 통해 영화와 같은 경험을 할 수 있게 될 것이다.

유산

지속적으로 관객이 감소함에 따라 몇몇 극장주들은 런던의 시크릿 시네마에 설치된 것과 같은 쌍방향 상영관을 제공하였다. 관객은 영화의 미적 기준에 맞춰 옷을 입고, 배우들과 세트를 비롯한 여타의 인터랙티브한 요소와 더불어 상영을 즐긴다. 이러한 경험은 보드빌 극장의 그것과 매우 흡사하다. 1910년대부터의 초기 영화관들 상당수가 아직 운영 중이고 지역 사회의 사랑받는 문화유산이 되어 다양한 고전 및 컬트 영화를 상영하고 있다.

〈백 투 더 퓨처〉(1985)의 스릴 있는 한 장면이 실제 관객을 위해 영사와 함께 재현되었다.

'시크릿 시네마' 상영: 환상적인 흥행전략인가, 보드빌의 귀환인가?

접근 가능한 기술로 간소화된 작은 제작사들

스트리밍 서비스를 통한 손쉬운 배급

고독한 키네토스코프

영화관의 혼잡한 경험

가정용 미디어의 공유

고독한 VR 경험

영화를 관람하는 환경이 바뀔 것이다. 키네토스코프를 보았을 때의 친밀함은 영화관에서의 공유된 경험으로 대체되었다. 오늘날은 가정용 미디어의 편안함과 편리성으로 인해 영화관 관객이 줄고 있다. 영화 제작이라는 혼란스러운 여정에서 변하지 않는 것 하나는 기술 개발에 대한 개척자 정신이다. 우리는 언제나 우리 이야기를 나누는 새로운 방식을 모색할 것이다.

MEET THE TEAM

팀을 만나요!

세트 드레서

작곡가

베스트 보이

사운드 디자이너

리레코딩 믹서

미술 감독

로토스코프 아티스트

키 그립

...맨

세트 디자이너

세트 데코레이터

프로덕션 디자이너

폴리 아티스트

개퍼

로케이션 매니저

촬영감독

붐 오퍼레이터

로케이션 스카우트

캐스팅 디렉터

카메라 오퍼레이터

연출 DIRECTION

감독 Director
영화 제작의 창의적 측면을 책임지는 사람. 감독은 배우의 연기 방식이나 장면을 어떻게 찍을 것인가와 같은 기술적 측면을 포함하여 제작의 거의 모든 측면을 좌우한다.

제2제작진 감독 Second Unit Director
제2제작진의 감독으로서 인서트 쇼트나 특수 스턴트 장면 등을 책임진다.

작가 Writer
대본(시나리오) 작성의 책임자

제작 PRODUCTION

프로듀서(제작자) Producer
영화 제작에 필요한 돈을 모으고 제작진을 고용하는 책임자. 때로 감독과 함께 제작과 관련한 창의적 의사결정에 관여하기도 한다.

라인 프로듀서 Line Producer
프로듀서와 스튜디오, 기타 각 부서들 사이의 교섭을 담당한다. 예산 관리에서도 주된 역할을 한다.

프로덕션 매니저 Production Manager
예산과 시간 관리 등을 포함하여 영화 제작과 관련한 전반적인 진행을 관리한다.

홍보 담당자 Unit Publicist
제작팀과 언론사를 연결하며 홍보를 담당한다.

로케이션 LOCATIONS

로케이션 매니저 Location Manager
촬영 장소를 어떻게 사용할지 결정한다.

로케이션 스카우트 Location Scout
촬영에 적합한 장소를 조사하고 찾는 일을 책임진다.

캐스팅 CASTING

캐스팅 디렉터 Casting Director
배역에 적합한 배우들을 선택한다.

카메라, 조명, 기타 리깅 CAMERAS, LIGHTING AND OTHER RIGGING

촬영감독 Director of Photography/ Cinematographer
촬영팀의 책임자. 감독과 협력하여 카메라와 필름의 사용, 쇼트의 구성 방식 등을 결정한다.

카메라 오퍼레이터 Camera Operator
현장에서 카메라를 다루는 사람

붐 오퍼레이터 Boom Operator
현장에서 마이크를 다루는 사람. 마이크는 흔히 '붐폴'이라 불리는 텔레스코핑 폴을 부착하여 사용한다.

개퍼 Gaffer
영화 제작의 수석 전기 기술자

키 그립 Key Grip
카메라의 움직임을 담당하는 그립팀의 책임자. 트랙을 깔고 고정된 카메라를 이동하는 돌리 쇼트, 크레인에 달고 찍는 부감 쇼트 등을 촬영감독과 긴밀히 협력하여 담당한다. 조명을 비롯한 각종 장치를 설치하는 리깅(rigging) 작업도 그립팀이 맡는다.

베스트보이/ 베스트걸 Best Boy/ Girl
개퍼와 키그립의 보조

프로덕션 디자인/미술부
PRODUCTION DESIGN/
ART DEPARTMENT

프로덕션 디자이너 Production Designer
세트와 의상을 포함한 영화의 미적 측면 책임자

미술 감독 Art Director
프로덕션 디자이너 직속으로, 아티스트와의 작업에 대한 보다 실질적인 접근을 통해 창의적인 비전을 실현할 수 있게 한다.

세트 디자이너 Set Designer
영화 촬영에 사용할 실제 세트를 설계하는 디자이너

세트 데코레이터 Set Decorator
세트에 사용되는 가구들과 기타 소품들의 책임자

세트 드레서 Set Dresser
가구 및 소품을 설치하고 제거하는 사람

그린스맨 Greensman
세트와 풍경에 사용되는 실제 또는 인공의 식물을 설치하는 사람

일러스트레이터 Illustrator
사물들이 어떻게 보일 수 있을지를 그림을 그려 재현한다.

그래픽 디자이너 Graphic Designer
타입, 이미지, 몇몇 소품을 포함해 영화에 사용되는 그래픽 요소들을 책임진다.

건축물 코디네이터 Construction Coordinator
세트 제작 책임자

수석 목수 Head Carpenter
가구와 소품을 제작하는 사람들과 목수들을 이끈다.

소품 제작자 Prop Maker
영화에 사용되는 독특한 소품들을 만든다.

키 시닉 Key Scenic
세트를 다루는 사람들을 이끈다. 가령, 인위적으로 환경을 낡게 만듦으로써 더 오래된 것처럼 보이게 만든다.

무기 담당자 Weapons Master
총이나 칼, 기타 전투 도구들의 사용을 관리한다.

의상, 헤어, 메이크업
COSTUMES, HAIR AND MAKE-UP

의상 디자이너 Costume Designer
배우들이 입는 의상을 책임진다.

키 메이크업 아티스트 Key Make-Up Artist
분장을 포함한 배우들의 메이크업을 디자인하고 계획하는 메이크업 파트의 책임자

키 헤어 Key Hair
배우들의 머리 스타일을 담당하는 헤어드레싱 파트의 책임자

특수효과 SPECIAL EFFECTS

특수효과 감독 Special Effects Supervisor
폭발 같은 세트의 실제 효과를 책임진다.

무술 감독 Stunt Coordinator
세트에서의 스턴트 작업을 책임진다.

스턴트맨/스턴트우먼 Stuntman/Stuntwoman
고도로 숙련된 위험한 기술 장면들을 수행한다.

포스트 프로덕션
POST PRODUCTION

편집자 Film Editor
감독과 긴밀하게 작업하며 영화를 만들어내는 쇼트들을 조립한다.

네거티브 편집자 Negative Cutter
랩에서 노출되기 전에 네거티브 필름을 자르고 잇는다.

컬러리스트 Colourist
화학적 방법 또는 디지털 방식으로 필름의 색상을 보정한다.

시각효과 프로듀서 Visual Effects Producer
대본을 스토리보드로 나누고 미니어처나 CGI 같은 시각효과를 필요로 하는 것이 무엇인지 파악하는 일을 총괄한다.

시각효과 감독 Visual Effects Director
CGI를 포함한 영화의 시각효과 미학을 책임진다.

로토스코프 아티스트 Rotoscope Artist
수작업으로 효과를 더하거나 뺀다. 그러한 효과들을 이용해 스턴트 와이어와 연결선들을 숨길 수 있다.

매트 페인터 Matte Painter
이미지를 확대하거나 수정하기 위해 그림을 그린다.

사운드 SOUND

사운드 디자이너 Sound Designer
영화에 어떻게 사운드를 적용할지를 총괄한다.

사운드 에디터 Sound Editor
사운드를 영상에 적용한다.

리레코딩 믹서 Re-recording Mixer
각기 다른 소리들의 균형을 맞춘다.

작곡가 Composer
영화에 쓰이는 음악들을 작곡한다. 때로는 지휘자로서 오케스트라 녹음을 이끌기도 한다.

폴리 아티스트 Foley Artist
영상에 따라 음향효과를 만들어낸다. 이 작업은 대개 발걸음 소리와 사물의 소리를 조절하는 작업을 포함한다.

배우 ACTORS

남녀 배우 Actor/Actress
영화에서 연기하는 사람

엑스트라 Extra
단역을 연기하는 배우로, 배경에서 연기하는 경우가 많다.

용어 풀이

애너모픽 렌즈 Anamorphic Lens
넓은 시야를 좁은 이미지로 압축하여 원을 타원형으로
보이게 하는 렌즈. 이미지를 정상화하려면 다른 렌즈가
필요하다.

블림프 Blimp
오래된 카메라가 만들어내는 소음의 양을 줄이기 위해
카메라 주위에 설치하는 덮개

컷 Cut
카메라 위치나 앵글의 변화

달리 Dolly
대개 트랙에 고정되어 있는 작은 트롤리. 대형 카메라가
원활하게 움직이도록 해준다.

필름 Film(동사)
장면을 기록하는 것

필름 Film(명사)
빛에 민감한 감광유제로 코팅된 재료의 띠로, 연결되는
이미지를 만드는 데 사용된다.
모션 픽처와 동의어이기도 하다.

프레임 Frame
모션 픽처의 시퀀스를 이루는 단일 이미지

몽타주 Montage
이야기나 감정을 전달하기 위해 영상을 빠르게 잘라내
는 것

모션 픽처 Motion Picture
영화와 애니메이션을 포함하여 움직이는 이미지에 적
용되는 가장 광범위한 용어

쇼트(들) Shot(s)
움직이는 영상의 일부분

스탁 Stock
35밀리나 70밀리 같은 장면을 기록하는 데 사용하는
필름 형태

미장센 Mise-en-Scène
세트 위에 펼쳐지는 모든 것에 대한 미학적 고려

타이틀 Titles
스크린에 나타나는 단어들

참고문헌

Baudrillard, J., *Simulacra and Simulation* (Michigan, 2010 [1981])

Barnwell, J., *The Fundamentals of Film-Making* (Switzerland, 2008)

Benjamin, W., *The Work of Art in the Age of Mechanical Reproduction* (London, 2008 [1936])

Chopra-Gant, M., *Cinema and History: The Telling of Stories* (London, 2008)

Cousins, M., *The Story of Film* (London, 2004)

Dancyger, K., *The Technique of Film and Video Editing* (Oxford, 1997)

Draven, D., *Genre Filmmaking: A Visual Guide to Shots and Style* (Burlington, 2013)

Enticknap, L., *Moving Image Technology: From Zoetrope to Digital* (New York, 2005)

Fischer, L. (ed.), *Art Direction and Production Design: A Modern History of Filmmaking* (London, 2015)

Hurd, M., *Women Directors and Their Films* (Westport, 2006)

Keating, P. (ed.), *Cinematography: A Modern History of Filmmaking* (New York, 2015)

Nowell-Smith, G. (ed.), *The Oxford History of World Cinema* (New York, 1997)

Roberts, G., *Forward Soviet!: History and Non-fiction Film in the USSR* (New York, 1999)

Stokes, M. & Maltby, R. (eds.), *Hollywood Abroad: Audiences and Cultural Exchange* (London, 2004)

옮긴이의 말

『그림으로 보는 영화 제작의 역사』는 청소년들이 영화의 발달사를
한눈에 파악할 수 있도록 구성하였습니다.
영화의 기원과 관련된 여러 종류의 시각 장치를 소개하며 시작되는
이 책은 영화가 무엇인지, 어떻게 만들어지고 발전해왔는지,
앞으로의 영화는 어떻게 변모할 것인지를 재치 있는 그림으로 매우
쉽게 설명해줍니다.
영화의 역사를 설명하는 대부분의 책들이 독일 표현주의니 소비에트
몽타주니 하는 특수한 영화 사조들을 중심으로 이론적으로 지루하게
서술되어 있는 데 반해, 이 책은 영화의 기술 발전이라는 관점에서
구체적이고 경쾌하게 영화사를 써내려갑니다.
영화 기술 발달사를 빠르게 훑어볼 수 있는, 아주 요령 있는 책입니다.
이 책이 지닌 또 다른 미덕은, 10년 단위로 정치 경제적인 맥락
속에서 영화의 전 과정을 균형감 있게 서술했다는 점입니다.
그 덕분에 우리는 영화가 각기 다른 여러 분야와 상호작용을 하며
발전해왔다는 사실을 자연스럽게 알 수 있습니다.
또 〈스타워즈〉나 〈7인의 사무라이〉, 〈영웅〉 같은 잘 알려진 영화들의
제작 현장이 현실감 있는 그림으로 재미있게 묘사되어,
영화를 만드는 과정을 친밀하게 느낄 수 있습니다.
이 책을 통해 여러분이 영화를 좀 더 입체적이고 종합적으로 이해할
수 있기를 바랍니다.

찾아보기

루이
르 프랭스

로스코
아버클

오스카 미쇼

지미
스튜어트

캐리 그랜

잔 달시

구로사오
아키라

조르주
멜리에스

토머스 에디슨

니나
매 매키니

레니
리펜슈탈

미후네
도시로

제임스
메이슨

로이스 웨버

수라이야
자말 셰이크

잉그리드
버그먼

스탠리
큐브릭

버스터 키튼

알리스
기 블라셰

그레타
가르보

매릴린 먼로

루이
뤼미에르

오귀스트
뤼미에르

탈룰라
뱅크헤드

프리츠 랑

찰리 채플린

오손 웰스

존 앨코트

미조구치 겐지

지가 베르토프

세르게이
에이젠슈타인

숀 코너리

프 매쿼리

스탠 윈스턴

제임스 캐머런

크리스토퍼 놀란

엔니오 리코네

페르난두 메이렐레스

캐슬린 케네디

메릴 스트립

조지 루카스

스티븐 스필버그

스벤 뇍비스트

조엘 코엔

에단 코엔

프랜시스 포드 코폴라

캐스린 비글로

소피아 코폴라

드리 헵번

클린트 이스트우드

짐 헨슨

드니 빌뇌브

드루 스트루전

아놀드 슈워제네거

톰 행크스

줄리 대시

에바 두버네이

아녜스 바르다

데이비드 린치

엘렌 쿠라스

부르스 리

존 윌리엄스

레이 리하우젠

미셸 공드리

웨스 앤더슨